essentials

essentials liefern aktuelles Wissen in konzentrierter Form. Die Essenz dessen, worauf es als „State-of-the-Art" in der gegenwärtigen Fachdiskussion oder in der Praxis ankommt. *essentials* informieren schnell, unkompliziert und verständlich

- als Einführung in ein aktuelles Thema aus Ihrem Fachgebiet
- als Einstieg in ein für Sie noch unbekanntes Themenfeld
- als Einblick, um zum Thema mitreden zu können

Die Bücher in elektronischer und gedruckter Form bringen das Fachwissen von Springerautor*innen kompakt zur Darstellung. Sie sind besonders für die Nutzung als eBook auf Tablet-PCs, eBook-Readern und Smartphones geeignet. *essentials* sind Wissensbausteine aus den Wirtschafts-, Sozial- und Geisteswissenschaften, aus Technik und Naturwissenschaften sowie aus Medizin, Psychologie und Gesundheitsberufen. Von renommierten Autor*innen aller Springer-Verlagsmarken.

Uwe Wehrspohn · Dietmar Ernst

Verteilungen als Grundlage des quantitativen Risikomanagements

Eine Übersicht verschiedener Anwendungsfälle

Uwe Wehrspohn
Wehrspohn GmbH & Co. KG
Mannheim, Deutschland

Dietmar Ernst
Hochschule für Wirtschaft und Umwelt
(HfWU) Nürtingen-Geislingen und
European Institute of Quantitative
Finance (EIQF)
Nürtigen, Deutschland

ISSN 2197-6708 ISSN 2197-6716 (electronic)
essentials
ISBN 978-3-658-38077-9 ISBN 978-3-658-38078-6 (eBook)
https://doi.org/10.1007/978-3-658-38078-6

Die Deutsche Nationalbibliothek verzeichnet diese Publikation in der Deutschen Nationalbibliografie; detaillierte bibliografische Daten sind im Internet über http://dnb.d-nb.de abrufbar.

Planung/Lektorat: Vivien Bender
Springer Gabler ist ein Imprint der eingetragenen Gesellschaft Springer Fachmedien Wiesbaden GmbH und ist ein Teil von Springer Nature.
Die Anschrift der Gesellschaft ist: Abraham-Lincoln-Str. 46, 65189 Wiesbaden, Germany

Was Sie in diesem *essential* finden können

- Eine Einführung in die grundlegenden Verteilungen im quantitativen Risikomanagement in Unternehmen.
- Informationen in welchem Kontext die Verteilungen verwendet werden können.
- Anleitungen, wie die Parameter der Verteilungen mit Experteneinschätzungen oder algorithmischer Kalibrierung bestimmt werden können.
- Anleitungen, wie mit dem Add-In Risk Kit die Verteilungen in Excel umgesetzt werden können.
- Eine Übersicht über den regulatorischen Rahmen des quantitativen Risikomanagements.

Die Anforderung aus dem Enterprise Risk Management

Eine der am häufigsten gestellten Fragen im Enterprise Risk Management ist, ‚wann nehme ich welche Verteilung für die Darstellung von Unternehmensrisiken?' Sie wird von Anfängerinnen und Anfängern genauso gestellt wie von erfahrenen Risikomanagerinnen und Risikomanagern, die vor der Aufgabe stehen das Kapitel des quantitativen Risikomanagements neu im Unternehmen aufzuschlagen.

Eine kanonische Antwort auf diese Frage gibt es nicht. Es ist nicht so, dass die finanziellen Schäden eines Produktionsausfalls aufgrund einer Überschwemmung des Werksgebietes generell einer Dreiecks- oder einer Normalverteilung gehorchen. Dasselbe gilt für alle anderen Arten von Risiken.

Wir können uns jedoch die Eigenschaften vieler wichtiger Verteilungen vor Augen führen und dann prüfen, welche Verteilung mit ihren Eigenschaften in einer konkreten Situation am besten passt.

Wir können auch thematisieren, wie man die Parameter einer Verteilung bestimmen kann und ob dies in der jeweils vorliegenden Situation praktisch möglich ist. Denn nur, wenn wir eine gewählte Verteilung auch parametrisieren können, können wir sie auch verwenden.

Bei der Erhebung und Bewertung von Risiken im Risikomanagementprozess ist das sogar ein zentraler und heikler Schritt, denn viele Risikoexpertinnen und -experten, die den Sachzusammenhang beurteilen müssen, sind in der Regel keine Risikomanagerinnen und Risikomanager, sondern verantworten ganz andere Aufgaben im Unternehmen. Sie müssen dennoch in der Lage sein zu diesen Fragen Stellung zu nehmen.

Im Alltag der Unternehmen spielt die Bestimmung der Parameter bei der Auswahl von Verteilungen im Enterprise Risk Management (ERM) daher oft die zentrale Rolle. Es werden praktisch nur Verteilungen eingesetzt, die einfach zu erklären sind und mithilfe von Experteneinschätzungen parametrisiert werden können. Parametrisierungen durch die statistische Auswertung von Daten über das Risiko spielen nur eine Nebenrolle. Auf diese Gruppe von Verteilungen werden wir uns daher zunächst konzentrieren. Zu ihr gehören vor allem die konstante Verteilung, die Dreiecks- und die PERT-Verteilung, aber auch die Gleichverteilung und die Trapezverteilung. Mit ihnen modellieren viele Unternehmen sämtliche Risiken. Weniger bekannt ist die modifizierte PERT-Verteilung, die einen Formparameter mitbringt, mit dem man das Abflachen der langen Seite einstellen kann, und Custom-Verteilungen, bei denen der Anwender den Verlauf selbst zeichnen kann.

Alle diese Verteilungen sind auf beiden Seiten begrenzt. Auf einer oder beiden Seiten unbegrenzte Verteilungen werden seltener mit Experteneinschätzungen parametrisiert. Wo sie dennoch verwendet werden, kommen meist die Normal- und die Lognormalverteilung zum Einsatz. Mitunter auch die Weibullverteilung. All dies sind klassische Lehrbuchverteilungen. Wir führen neu die Expert- und die Poly-Verteilungen ein, die beide in beidseitig und einseitig begrenzten und in unbegrenzten Varianten von Experten parametrisiert werden können.

Der Status Quo ist also an einer ganz pragmatischen Leitregel orientiert. ‚Verwende Verteilungen, die du kennst und die du parametrisieren kannst.' Wir werden im Folgenden diese Verteilungen portraitieren, auf ihre Verwendung eingehen und zeigen, wie man sie mit Experteneinschätzungen und Algorithmen parametrisieren kann.

Im Enterprise Risk Management zerfällt die Modellierung von Risiken in zwei Schritte. Zunächst wird der Eintritt von Risiken dargestellt, im zweiten Schritt die Auswirkung des Risikos für den Fall, dass es zu einem Eintritt kam.

Wir nehmen diese Zweiteilung als Gliederung und Gruppieren die Darstellung in Verteilungen, die die Eintrittsseite eines Risikos modellieren, und Verteilungen, die für die Beschreibung der möglichen Schadenhöhen verwendet werden.

Inhaltsverzeichnis

Über die Autoren

Dr. Uwe Wehrspohn
WEHRSPOHN GmbH & Co. KG
Otterstadter Straße 50
D-68219 Mannheim
Email uwe.wehrspohn@wehrspohn.de

Prof. Dr. Dr. Dietmar Ernst
International School of Finance (ISF)
Hochschule für Wirtschaft und Umwelt (HfWU) Nürtingen-Geislingen
Sigmaringer Straße 25
D-72622 Nürtingen
Email dietmar.ernst@hfwu.de

Verteilungen für den Eintritt des Risikos

1

Verteilungen, die die Eintrittsseite eines Risikos modellieren, zählen, wie häufig sich das Risiko in einer Periode auch wirklich materialisiert. Hierfür können grundsätzlich alle Verteilungen verwendet werden, die die Zählzahlen 0, 1, 2, 3 usw. als Werte annehmen. In der Praxis werden jedoch im Wesentlichen drei Verteilungen diskutiert und zwei davon auch tatsächlich verwendet. Dies sind die Bernoulli-, die Poisson- und die Binomialverteilung, wobei die ersten beiden praktische Anwendung finden.

1.1 Bernoulli-Verteilung

Die Bernoulli-Verteilung ist das klassische Eintrittsmodell im Enterprise Risk Management. Ihre Stellung stammt noch aus der Zeit, als ein Risiko durch eine Eintrittswahrscheinlichkeit und eine Auswirkung – jeweils zwei Zahlen – dargestellt wurde. Der Anwendungsfall waren sehr spezifisch beschriebene operationelle Risiken in einer ein-Perioden-Betrachtung.

Die Bernoulli-Verteilung beschreibt einen verallgemeinerten Münzwurf. Es gibt genau zwei Zustände. Ein Ereignis („Kopf" oder auf unseren Fall übertragen „Risiko realisiert sich") tritt ein oder nicht. Mehrfach-Eintritte sind nicht möglich (Abb 1.1).

Die Verteilung hat einen Parameter, die Eintrittswahrscheinlichkeit **P** des betrachteten Risikos (Abb. 1.2).

Die Eintrittswahrscheinlichkeit (EW) wird im ERM in den meisten Fällen durch Experteneinschätzung bestimmt. Dies ist auch notwendig, weil im ERM viele Risiken in die Analyse eingehen, die im Alltag bisher nicht vorgekommen sind, aber als möglich erachtet werden.

© Der/die Autor(en), exklusiv lizenziert an Springer Fachmedien Wiesbaden GmbH, ein Teil von Springer Nature 2022
U. Wehrspohn und D. Ernst, *Verteilungen als Grundlage des quantitativen Risikomanagements*, essentials, https://doi.org/10.1007/978-3-658-38078-6_1

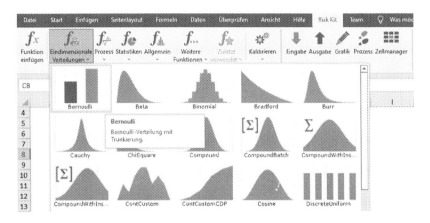

Abb. 1.1 Die Bernoulli-Verteilung auf der Risk Kit Toolbar

Abb. 1.2 Eingabedialog der Bernoulli-Verteilung in Risk Kit

Wenn Risikoerfahrungen im Unternehmen vorliegen, kann die EW auch durch die Anzahl der beobachteten Eintritte des Risikos geteilt durch die Anzahl der Beobachtungsjahre geschätzt werden. Wenn das Risiko also z. B. zweimal in den letzten 10 Jahren eingetreten ist, würde nach dieser Logik die EW auf 20 % geschätzt werden.

Abb. 1.3 Bernoulli-verteilte Zufallszahl

Um den Umfang der Risikokenntnis zu verbreitern, ist es durchaus möglich Erfahrungen aus dem Markt mit einzubeziehen. Wenn ein Risiko bei anderen Firmen vorgekommen ist, spricht u. U. viel dafür, dass es auch im eigenen Haus passieren kann.

Die Auswertung von Daten für die Bestimmung der Eintrittswahrscheinlichkeit ist umso sicherer möglich, je mehr repräsentative Eintritte für das Risiko vorliegen. Sie wird umso schwieriger und fehleranfälliger je seltener das Risiko eintritt. Wenn im Extremfall das Risiko noch nie vorgekommen ist, kommt man nicht ohne Experteneinschätzungen zum Ziel.

In der Simulation nimmt die Bernoulli-Verteilung die Werte 0 und 1 an. Die 1 repräsentiert den Eintritt des Risikos (Abb. 1.3).

Diese Eigenschaft der Bernoulli-Verteilung, dass bei ihr ein Risiko entweder nicht oder genau einmal eintreten kann, aber niemals mehrfach, ist ein wesentliches Kriterium für ihre Anwendung.

In vielen ERM-Modellen, die die Entwicklung von Risiken über mehrere Perioden betrachten, entsteht durch die Bernoulli-Verteilung eine Inkonsistenz im Modell. Bei Mehr-Perioden-Modellen wird der Risikoeintritt in jeder Periode simuliert. Ist ein Bernoulli-verteiltes Risiko in Periode 1 in einem Simulationslauf eingetreten, ist dieses Risiko fortan für die Periode gesperrt und kann nicht weiter eintreten. Kaum hat aber das nächste Geschäftsjahr (Periode 2) begonnen, wird das Risiko wieder freigeschaltet und kann ab Januar wieder eintreten.

Derselbe Widerspruch ergibt sich, wenn Perioden geteilt werden. Wechselt man in einem Bernoulli-Modell von einer Jahres- zu einer Quartalsbetrachtung kann das Risiko über den ursprünglichen Zeitraum eines Jahres plötzlich viermal so häufig eintreten wie zuvor. Geht man umgekehrt z. B. für strategische Risiken zu einer 5-Jahres-Betrachtung über, wird das Risiko seltener eintreten, selbst wenn die Eintrittswahrscheinlichkeiten richtig auf die veränderten Zeiträume angepasst werden.

Die Bernoulli-Verteilung als Modell für das Vorkommen eines Risikos ist am besten geeignet, wenn dieses Risiko überhaupt nur einmal vorkommen kann unabhängig von der Abgrenzung der Perioden.

Für den ursprünglichen Anwendungsfall ‚spezifische operationelle Risiken bei einer Periode Betrachtungshorizont' ist dieses Kriterium sehr gut erfüllt. Ein spezifisches Produkt wird nur einmal vom Markt genommen. Eine namentlich genannte Brücke stürzt nur einmal ein usw.

Bei allgemeiner formulierten Beschreibungen operationeller Risiken ändert sich dies (‚Eins unserer Produkte muss vom Markt genommen werden.', ‚Ein Lieferweg wird unpassierbar und die Lieferkette unterbrochen.') Analog bei erweiterten Risikobegriffen.

Eine Erweiterung der Modellierung von Risikoeintritten erlaubt daher Mehrfach-Eintritte eines Risikos in einer Periode. Die beiden wichtigsten Werkzeuge dafür sind die Binomial- und die Poisson-Verteilung.

Mathematisch gesehen ist die Bernoulli-Verteilung der Baustein aus dem diese beiden (und viele weitere) Verteilungen konstruiert sind. Es handelt sich also um eine direkte Verallgemeinerung.

1.2   Binomial-Verteilung

Eine Binomial-Verteilung entsteht, wenn wir eine feste Anzahl n von Bernoulli-Experimenten, bei denen nur 0 oder 1 (Erfolg oder Misserfolg, Risiko bleibt aus oder Risiko tritt ein) herauskommen kann.

Die Gesamtzahl der Erfolge bei n Versuchen nimmt einen Wert in den Zählzahlen 0, 1, 2, …, n an.

Beispiel: Wenn ich einen Windpark aus 8 Windkraftanlagen betreibe und eine Anlage nicht ohne Weiteres ersetzen kann, können gleichzeitig 0 bis 8 Windräder ausfallen (Abb. 1.4).

Die Binomialverteilung hat zwei Parameter. Die Anzahl der Versuche **n** und die Erfolgswahrscheinlichkeit in jedem Versuch **p** (Abb. 1.5 und 1.6).

Eine wichtige Annahme der Binomialverteilung ist, dass die Erfolgswahrscheinlichkeit bei jedem Experiment gleichbleibt. In der Praxis kann dies stimmen, es kann aber auch eine Einschränkung sein.

Bei dem Windpark im Beispiel wäre die Annahme gleicher Eintrittswahrscheinlichkeiten für das Risiko des Ausfalls einer Windkraftanlage gut erfüllt, wenn sich die Anlagen in Modell, Belastung und Alter sehr ähnlich wären. Ist

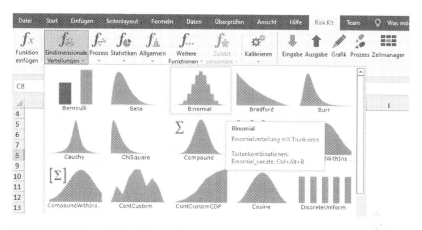

Abb. 1.4 Die Binomial-Verteilung auf der Risk Kit Toolbar

der Park aber gemischt aus kleineren und größeren Anlagen unterschiedlicher Typen und bisheriger Betriebsdauern, wäre es u. U. realistischer für jede Anlage ein eigenes Risiko zu betrachten.

Die Binomialverteilung als Modell für die Anzahl der Anlagenausfälle, wäre auch dann nicht ideal geeignet, wenn eine Anlage nur vorübergehend ausfiele und nach Reparatur erneut in Produktion ginge. In diesem Fall wäre es möglich, dass einzelne Räder mehrfach ausfielen und in Einzelfällen mehr Ausfälle einträten als es Anlagen im Park gibt.

In einem Mehr-Perioden-Modell kann es bei Verwendung der Binomialverteilung zu einer Abhängigkeit zwischen den Perioden kommen, wenn sich die maximale Eintrittshäufigkeit in einer Periode durch die Anzahl der Schäden in einer Vorperiode ändert.

Sind in dem Beispiel zwei Windkraftanlagen in Periode 1 nachhaltig ausgefallen, bleiben bis auf Weiteres in den Folgeperioden nur 6 der ursprünglichen Anlagen erhalten, sodass der Wert von n hier neu gesetzt werden müsste. Zusätzliche Schäden würden die Zahl der noch intakten Anlagen weiter reduzieren.

Durch eine Zerlegung des Risikos in ein Risiko pro Anlage, die nach Ausfall endgültig demontiert wird, kann auch dieser Fall analog zu oben vereinfacht werden, sodass sich die zeitlichen Abhängigkeiten von alleine ergeben.

Aufgrund dieser Komplexitäten und der generellen Möglichkeit das Risiko in Risiken mit Bernoulli-verteilten Eintritten zu splitten wird die Binomialverteilung

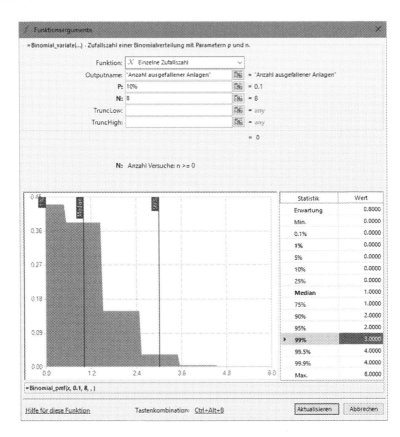

Abb. 1.5   Eingabedialog der Binomial-Verteilung

Abb. 1.6   Binomialverteilte Zufallszahl

für die Modellierung von Eintrittshäufigkeiten von Risiken im ERM sehr selten eingesetzt.

Im ERM ist durch die unternehmensweite Verwendung des Modells und die Beteiligung einer großen Anzahl Personen im Allgemeinen eine gewisse Standardisierung der Modellkomponenten gewünscht.

In technischen Modellen von Großanlagen ist es anders. Hier sind Detaildarstellungen von kleineren, in sich homogenen Anlagenverbünden, wie im Beispiel des Windparks geschildert, ein Standardelement, in dem die Binomialverteilung einen zentralen Platz hat.

1.3 Poisson-Verteilung

Wenn ein Ereignis über einen Zeitraum mit gleichbleibender Wahrscheinlichkeit ('Intensität') eintritt und diese Eintritte voneinander unabhängig sind, ist seine Eintrittshäufigkeit Poisson-verteilt.

Sie nimmt Werte auf den Zählzahlen 0, 1, 2, …. an (Abb. 1.7).

Ihre Parametrisierung erfolgt über die erwartete Eintrittshäufigkeit **lambda** des Risikos. Dies ist ein großer Vorteil der Verteilung im Kontext des ERM-Prozesses, da die erwartete Eintrittshäufigkeit für Experten klar verständlich ist und deshalb gut begründet ermittelt werden kann. Sie kann als Erwartungswert

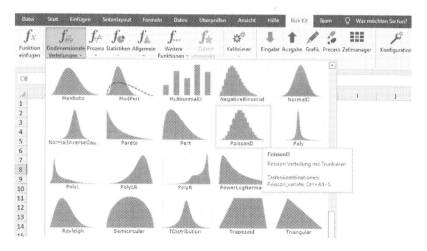

Abb. 1.7 Die Poisson-Verteilung auf der Risk Kit Toolbar

der Eintrittshäufigkeiten auch sehr gut aus Daten gewonnen werden, wenn solche vorliegen.

Beispiel: Im Beispiel des Windparks ist die Anzahl der Flauten, also der windarmen Perioden einer gewissen Mindestdauer, ein wichtiger Faktor für die Qualität des Standortes und der Rentabilität der Anlage. Aus den Wetterdaten der vergangenen Jahre kann die erwartete Anzahl der Flauten pro Jahr ermittelt werden (Abb. 1.8).

In diesem Beispiel ist es eine wichtige Eigenschaft der Poisson-Verteilung, dass wir keine maximale Anzahl von Flauten angeben müssen (Abb. 1.9).

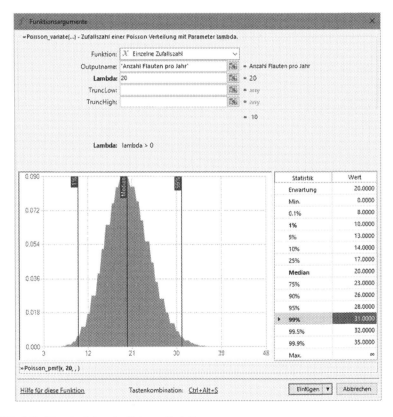

Abb. 1.8 Eingabedialog der Poisson-Verteilung

Abb. 1.9 Poisson-verteilte Zufallszahl

Poisson- und Binomial-Verteilung sind in vielen Fällen näherungsweise austauschbar. Dies ist immer dann der Fall, wenn die erwartete Eintrittshäufigkeit **lambda = n * p** klein ist gegenüber **n**. Die Abweichungen zwischen beiden Verteilungen sind dann in der Regel so klein, dass sie im ERM-Prozess keine praktische Rolle spielen. Beide Verteilungen werden sogar gleich, wenn für eine gegebene erwartete Eintrittshäufigkeit **n** groß wird. Abb. 1.10 gibt ein Beispiel für den Vergleich beider Verteilungen für **lambda = 1,5, p = 15 %** und **n = 10**.

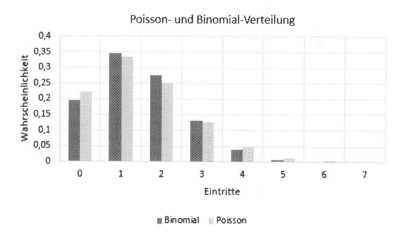

Abb. 1.10 Poisson- und Binomialverteilung im Vergleich

Aufgrund dieser Eigenschaften ist die Poisson-Verteilung im ERM das am weitesten verbreitete Modell für die Darstellung von Häufigkeiten.

Verteilungen für die Auswirkungen des Risikos

2

Um ein Risiko vollständig zu bewerten, ist nach der Beschreibung des Eintritts des Risikos die Schadenhöhe nach Eintritt relevant. Hierbei wird generell davon ausgegangen, dass jeder Eintritt einen individuellen Schaden verursacht. Wenn ein Risiko also mehrfach auftritt, ergibt sich der Gesamtschaden als Summe der Einzelschäden. Wir werden im Abschnitt über die Compound-Verteilung im Einzelnen darauf eingehen, die eine zufällige Anzahl Schäden einer jeweils zufälligen Höhe auswertet.

Die in den Unternehmen früher am häufigsten eingesetzte Verteilung für den einzelnen Schadeneintritt ist die konstante Verteilung. Diese punktförmige Darstellung wird oft als unrealistisch empfunden. Man versucht sie daher durch Bandbreiten zu ersetzen. Diese Bandbreiten können durchaus auch Chancen einschließen. Verteilungen, die hierfür oft verwendet werden, sind die Gleich-, die Dreiecks-, die PERT- und die Trapezverteilung.

Alle diese Verteilungen stehen in direkter Beziehung zur klassischen betriebswirtschaftlichen Best- und Worst-Case-Betrachtung und wurden ursprünglich für die Abschätzung operationeller Risiken, also Betriebsschäden, verwendet. In diesen Fällen ist ein Worst-Case im Sinne eines ‚abreißen und neu bauen‘ oft gut definiert.

Anders verhält es sich bei Risiken, deren Auswirkungen nicht so einfach nach oben begrenzt werden können. Was ist etwa der Worst-Case bei einer Pandemie? Manche Firmen sind genau an dieser Stelle mit einer realistischen Bewertung der Risiken gescheitert. Sie haben immerhin die Pandemie im Risikoinventar erfasst (was die meisten betroffenen Firmen nicht getan haben), aber die Auswirkungen um das zigfache unterschätzt. Die Bewertung wird durch einen solchen Fehler schnell Makulatur.

© Der/die Autor(en), exklusiv lizenziert an Springer Fachmedien Wiesbaden GmbH, ein Teil von Springer Nature 2022
U. Wehrspohn und D. Ernst, *Verteilungen als Grundlage des quantitativen Risikomanagements,* essentials, https://doi.org/10.1007/978-3-658-38078-6_2

Für diesen Anwendungsfall oft verwendete Verteilungen sind die Lognormal-
und die Weibull-Verteilung. Beide sind Extremwertverteilungen und können daher
mit kleiner Wahrscheinlichkeit potenziell auch sehr große Werte annehmen.

2.1 Konstante Verteilung

Risikomanagement-Lehrbücher der Vergangenheit haben ein Risiko durch eine
Eintrittswahrscheinlichkeit und eine Auswirkung beschrieben. Die Auswirkung
ist dabei eine feste Zahl. Diese ‚konstante Verteilung' ist auch heute noch in
vielen Unternehmen Stand der Dinge.
Die Darstellung eines Risikos durch zwei Werte hat Vorteile.

- Ein Risiko hat einen kurzen und präzise aussehenden Steckbrief.
- Alle Risiken sind standardisiert. Ganz unterschiedliche Risikoarten lassen sich
  so gut reporten.
- Risikoquantifizierung erscheint einfach.
- Beide Größen (‚EW und AW') können einander grafisch gegenübergestellt
  werden. Ggf. kategorisiert und mit farblichen Abstufungen unterlegt ergibt
  sich so die Risikolandkarte.

Die konstante Verteilung ist in ihrer technischen Umsetzung so einfach, dass
man keine Hilfsmittel dafür braucht. Sie liefert Zufallszahlen, die man schon im
Vorhinein kennt, sodass man sie gar nicht ziehen muss. Sie kann in Excel durch
eine einfache Zahl dargestellt werden (Abb. 2.1).
Bei genauem Hinsehen entpuppt sich die Beschreibung der Auswirkung eines
Risikos durch eine feste Zahl allerdings oft als wohlmeinende Illusion. Nur bei
wenigen Risiken ist die genaue Schadenhöhe bei Eintritt im Vorhinein bekannt.
Eine drohende Konventionalstrafe oder der sichere Ersatz eines Verschleißteils
könnten solche Fälle sein.

Abb. 2.1 Die konstante Verteilung in Excel

In den meisten Kontexten kann man die Auswirkungen eines Risikos aber realistischerweise nur als Bandbreiten festmachen, oft als sehr weite Bandbreiten.

2.2 Die Gleich- oder uniforme Verteilung

Wenn man dem Paradigma einer Bandbreite für die möglichen Schäden nach Risikoeintritt folgt, entspricht die Gleichverteilung diesem Bild auf natürliche Weise (Abb. 2.2).

Sie nimmt Werte zwischen einem Minimum **A** und einem Maximum **B** an und ihre Dichte hat genau die Form eines Bandes (Abb. 2.3).

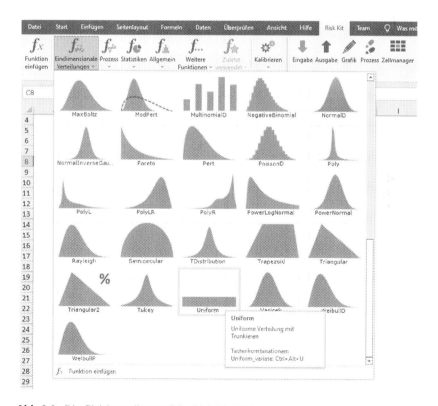

Abb. 2.2   Die Gleichverteilung auf der Risk Kit Toolbar

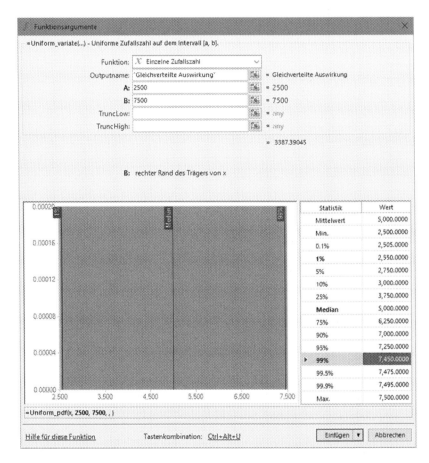

Abb. 2.3 Eingabedialog der Gleichverteilung

Jedem Wert zwischen **A** und **B** wird die gleiche Wahrscheinlichkeit zugewiesen (Abb. 2.4).

Gleichverteilte Zufallsereignisse kommen in vielen Spielen vor, oft in ihrer ganzzahligen Version. Die Seiten eines Würfels liegen gleichverteilt oben. Spielkarten werden gleichverteilt gemischt. Die Kugel eines Roulette-Rades wählt eine Ziffer gleichverteilt aus. Die Gleichverteilung ist hier geradezu der Inbegriff von Fairness.

Wir können uns diese Eigenschaft im ERM nutzbar machen.

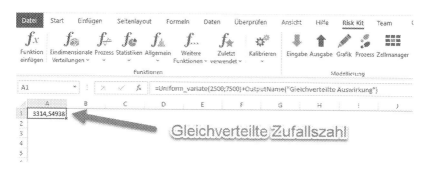

Abb. 2.4 Gleichverteilte Zufallszahl

Wenn wir im Beispiel des Windparks Daten über die Länge der Flauten der letzten Jahre hatten, können wir die beobachteten Datensätze nummerieren und eine Nummer über die Gleichverteilung ziehen. Die Kosten der simulierten Flaute ergeben sich dann als Länge der gezogenen Flaute mal Umsatzausfall pro Zeiteinheit.

Wir ersparen uns bei diesem Vorgehen die Notwendigkeit die Verteilung der Flautenlängen zu ermitteln und können direkt auf die beobachteten Daten zugreifen. Wir werden allerdings auch nie eine Flaute simulieren, die länger ist, als die längste Beobachtung in unserer Stichprobe.

Weitere näherungsweise gleichverteilte Größen sind die genaue Stelle, an der eine Pipeline leck wird, ein Seil reißt oder ein Kabel bricht.

Obwohl sie das Bild der Bandbreite so direkt aufnimmt, ist die Gleichverteilung im ERM oft nicht unmittelbar plausibel. Ein wichtiger Grund dafür ist, dass sich die Dichte nicht stetig entwickelt. Schäden außerhalb von **A** und **B** haben die Dichte 0. Werte in diesem Bereich werden nicht angenommen. Genau an **A** springt die Dichte dann aber auf ein hohes Niveau, bleibt dort bis **B** erreicht ist und fällt dann abrupt zurück auf 0.

Verständlicher wäre ein Modell, in dem der nicht angenommene Bereich nahtlos in den Bereich übergeht, in dem sich die Schäden bewegen. Dies wird gleich Anlass sein, weitere Verteilungen einzuführen.

Genau dieser Nachteil der Gleichverteilung, dass nämlich Schäden in den extremen Enden **A** und **B** des Wertebereichs mit unrealistisch hoher Wahrscheinlichkeit angenommen werden, ist paradoxerweise ein Grund warum oft zumindest übergangsweise zur Gleichverteilung gegriffen wird.

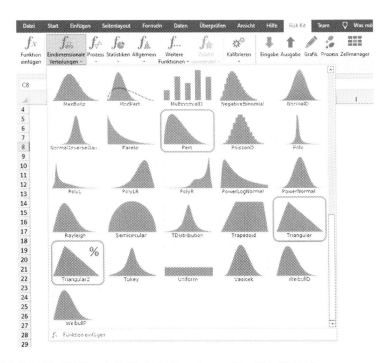

Abb. 2.5 Die PERT- und die Dreiecks-Verteilung auf der Risk Kit Toolbar

Zum einen kann die Wahl der Verteilung signalisieren, dass die genaue Form des Häufigkeitsverlaufs im Schadenbereich entweder nicht bekannt ist oder nicht untersucht wurde. So etwas wie ein wahrscheinlichster Wert oder die genauere Form der Verteilung sind dann nicht bekannt. Hier wird also eine Näherungslösung deutlich gemacht (Indifferenzprinzip von Pierre-Simon Laplace).

Zum anderen schwankt die Gleichverteilung auf dem Wertebereich stärker als die Alternativen Dreieck, PERT oder Trapez. Das Gesamtrisiko wird daher sensitiver auf diesen Risikofaktor als bei Wahl eines anderen Modells. Wenn ein Risiko daher bei Wahl der Gleichverteilung keinen großen Einfluss auf das Ergebnis hat, wird sich daran auch bei verfeinerter Darstellung der Auswirkungen wenig ändern. Die Wahl der Extremwerte **A** und **B** ist dann zunächst entscheidend. Sind sie korrekt, lohnt sich eine differenziertere Darstellung der Auswirkungsverteilung u. U. nicht und es kann mit Fug und Recht vom o. g. Indifferenzprinzip Gebrauch gemacht werden.

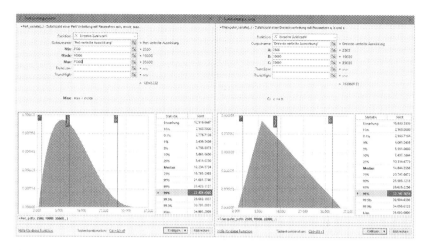

Abb. 2.6 Eingabedialog der PERT- und der Dreiecksverteilung

2.3 Dreiecks-, PERT- und modifizierte PERT-Verteilung

Die Dreiecks- und die PERT-Verteilung sind bei der Gestaltung der Bandbreite möglicher Schäden aus einem Risiko eine wichtige Alternative zur Gleichverteilung. Der Schadenverlauf gliedert sich hier über drei Punkte, dem Minimum, dem Modus und dem Maximum.

Der Modus ist der Hochpunkt der Dichte der Verteilung. Er wird auch als ‚wahrscheinlichster Wert' bezeichnet, da die Wahrscheinlichkeit am größten ist, in einer Umgebung um diesen Punkt Schäden zu beobachten.

Die Bestimmung dieser Eckdaten ist über die Fragen ‚In welchem Bereich liegen die Schäden minimal?', ‚In welchem Bereich liegen die Schäden maximal?' und ‚In welchem Bereich rechnen wir am ehesten damit Schäden zu sehen?' sehr gut auch für Risikoexperten möglich, die sich im Alltag normalerweise nicht mit der Parametrisierung von Wahrscheinlichkeitsverteilungen beschäftigen. Diese suggestive Kraft ist so stark, dass viele Firmen ihr ganzes ERM nur mit diesen beiden Schadenverteilungen bestreiten (Abb. 2.5).

Abb. 2.6 zeigt den Eingabedialog für die PERT- und die Dreiecksverteilung. Es sind dieselben Werte eingetragen, sodass sich die Verteilungen vergleichen lassen.

Während beide Dichtefunktionen an denselben Stellen die Werte 0 und ihr Maximum annehmen, fällt die PERT-Verteilung am langen Ende schneller

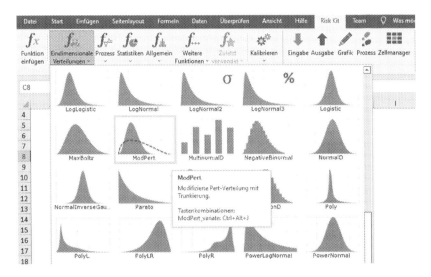

Abb. 2.7 Modifizierte PERT-Verteilung auf der Risk Kit Toolbar

ab als die Dreiecksverteilung. Der maximale Schaden wird also bei Verwendung der PERT-Verteilung in diesem Beispiel seltener angenommen als bei der Dreiecksverteilung. Bei der PERT-Verteilung liegt dem hingegen mehr Wahrscheinlichkeitsmasse in der Nähe des wahrscheinlichsten Wertes.

Dieser Unterschied ist oft ein hilfreiches Kriterium, mit dem man ermitteln kann, welche Verteilung in einer Situation am besten passt.

Diese Überlegung, die Geschwindigkeit, mit der die Verteilung zu den Extremwerten hin abklingt, in die Auswahl der Verteilung mit einzubeziehen, hat zur Formulierung der modifizierten PERT-Verteilung geführt (Abb. 2.7).

Die modifizierte PERT-Verteilung wird im Kern ebenfalls über Minimum, wahrscheinlichsten Wert und Maximum bestimmt, enthält aber einen weiteren Parameter, der die Krümmung der Verteilung festlegt (Abb. 2.8).

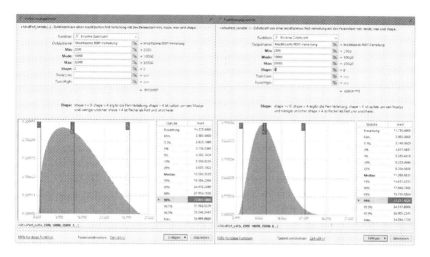

Abb. 2.8 Eingabedialog der modifizierten PERT-Verteilung

Für einen Wert des Formparameters von 4 ergibt sich wieder die bekannte PERT-Verteilung. Für einen Wert des Formparameters <4 geht mehr Wahrscheinlichkeit in die Extreme und für einen Wert >4 konzentriert sich die Wahrscheinlichkeitsmasse um den wahrscheinlichsten Wert (Abb. 2.9).

Die modifizierte PERT-Verteilung spannt damit das ganze Spektrum von der Gleichverteilung bis zu einer Punktmasse am wahrscheinlichsten Wert auf.

Aufgrund dieser Flexibilität kann die modifizierte PERT-Verteilung nicht nur von Experten gut eingeschätzt werden, sondern passt sich auch sehr gut an beobachtete Daten an, wenn solche vorliegen.

Im Beispiel des Windparks liegen z. B. Daten über die Länge von Flauten vor. Die gelieferten Messwerte sind gefiltert für eine Mindestlänge von 2 Tagen (Abb. 2.10).

Obwohl es suggestive Werte sind, sind Minimum und Maximum für Experten in manchen Situationen nicht einfach zu ermitteln, weil man sich nicht immer ausmalen kann, was alles schiefgehen kann.

Es ist im Vergleich dazu oft einfacher sich auf den Bereich vertretener Erfahrung zurückzuziehen und die Erweiterung des Wertebereichs auf extreme Ereignisse der Verteilung zu überlassen.

Als einem ersten Schritt diesem Gedanken zu folgen, gibt es eine zweite Parametrisierung der Dreiecksverteilung, bei der der wahrscheinlichste Wert

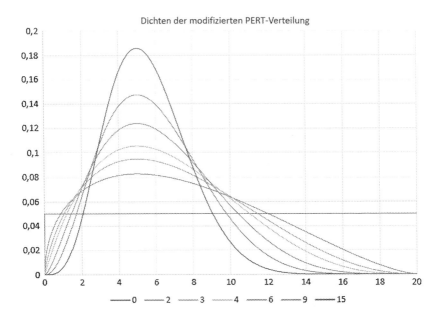

Abb. 2.9 Dichten der modifizierten PERT-Verteilung für unterschiedliche Formparameter

angegeben wird und ein Bereich darum, der mit einer vorgegebenen Wahrscheinlichkeit nicht verlassen wird. Die Verteilung wird dann an den Seiten zu einer
vollständigen Dreiecksverteilung ausgezogen (Abb. 2.11).

In diesem Beispiel liegen 90 % der Wahrscheinlichkeit zwischen 5.000 und
25.000. Die Verteilung nimmt damit insgesamt Werte zwischen ca. 3.000 und
32.000 an.

Insgesamt ergeben sich diese Aufrufe der Verteilungen (Abb. 2.12).

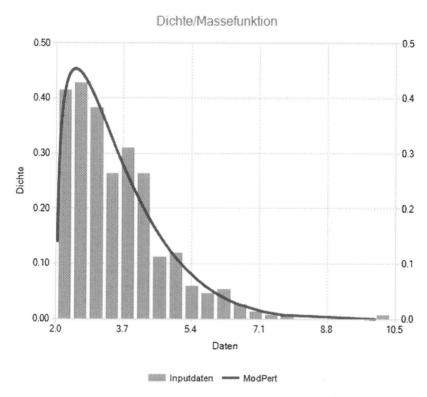

Abb. 2.10 Anpassung der modifizierten PERT-Verteilung an gemessene Flautenlängen in Tagen

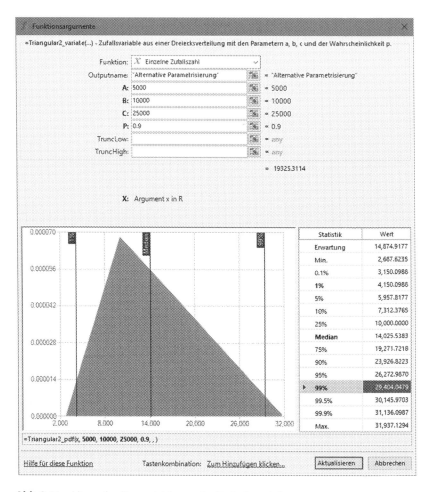

Abb. 2.11 Alternative Parametrisierung der Dreiecksverteilung

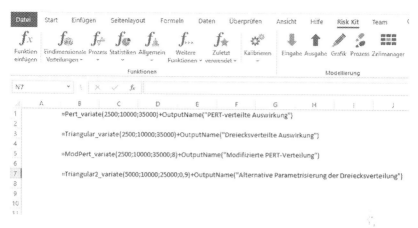

Abb. 2.12 Aufruf der Zufallszahlen

2.4 Trapezverteilung

Eine Variante der Dreiecksverteilung ist die Trapezverteilung. Bei ihr gibt es nicht einen wahrscheinlichsten Wert, sondern einen wahrscheinlichsten Wertebereich. Die Trapezverteilung eröffnet damit mehr Spielräume einen ,Alltagsfall' für die auftretenden Schäden zu beschreiben. Man muss sich dann nicht auf einen speziellen Wert als den wahrscheinlichsten Wert festlegen, sondern kann argumentieren, dass ein gewisser Bereich zwischen den Extremen der gesamten Bandbreite die höchste Repräsentativität hat für die Schadenfälle, die man in Zusammenhang mit dem Risiko in der Praxis sieht.

Die Trapezverteilung verbindet so die Vorteile der Dreiecks- und der Gleichverteilung (Abb. 2.13).

Um den wahrscheinlichsten Wertebereich abzugrenzen hat die Trapezverteilung daher einen vierten Parameter: Minimum, Beginn wahrscheinlichster Bereich, Ende wahrscheinlichster Bereich, Maximum (Abb. 2.14).

In diesem Beispiel sind Verluste zwischen 5.000 und 15.000 der wahrscheinlichste Bereich (Abb. 2.15).

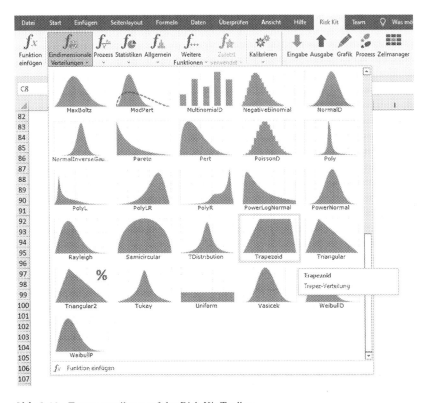

Abb. 2.13   Trapezverteilung auf der Risk Kit Toolbar

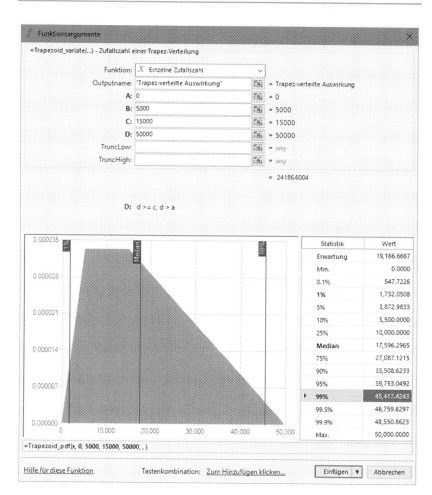

Abb. 2.14 Eingabedialog der Trapezverteilung

Abb. 2.15 Trapezverteilte Zufallszahl

2.5   Custom-Verteilungen

Eine weitere Spielart der Dreiecksverteilung sind die Custom-Verteilungen. Bei ihr kann der Verlauf des Schadens individuell gezeichnet werden. Besonderheiten des Verlaufs, z. B. bei IT-Risiken, können so sachgerecht abgebildet werden, was mit der Dreiecksverteilung alleine in der Regel nicht möglich wäre (Abb. 2.16).

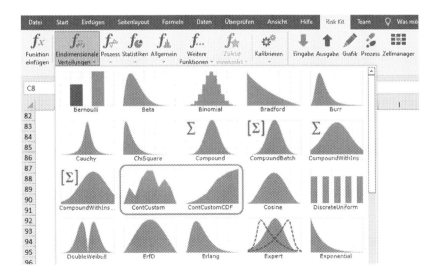

Abb. 2.16   Custom-Verteilungen auf der Risk Kit Toolbar

Abb. 2.17 Punktweise
Beschreibung der Dichte

D	E
Schaden	Dichte
0	0
5000	10
10000	0,5
100000	0

Cyber-Angriffe sind in vielen Unternehmen ein häufiges Ereignis. Die Schadenverläufe sind jedoch eine Herausforderung für die Darstellung im ERM. Sie teilen sich quasi in zwei Regimes. Meistens sind die Schäden sehr gering und lassen sich über die Dreiecksverteilung in einer schmalen Bandbreite gut abbilden. In seltenen Fällen hat dasselbe Risiko jedoch weit dramatischere Auswirkungen und nimmt mit kleiner Wahrscheinlichkeit große Werte an. Mit der individuell beschreibbaren Verteilung ContCustom ist die Abbildung dieses Risikos auf natürliche Weise möglich. Die Dichte kann punktweise gezeichnet werden. Wir können also das gewohnte Dreieck nach rechts hin fortsetzen, um die Großschäden einzubeziehen (Abb. 2.17).

Risk Kit skaliert die Werte der Dichte so, dass sie die notwendigen mathematischen Eigenschaften haben, z. B. dass die Fläche unter der Kurve 100 % repräsentiert. Wir können uns also auf die Beschreibung der Proportionen des Verlaufs beschränken (Abb. 2.18 und Abb. 2.19).

Die zweite Custom-Verteilung (ContCustomCDF) ist konzeptionell genauso aufgebaut. Bei ihr wird lediglich statt der Dichte- die Verteilungsfunktion beginnend von 0 punktweise bis 1 gezeichnet.

Alle bisher besprochenen Schadenverteilungen haben gemeinsam, dass ihr Wertebereich fest beschränkt ist. Ein Parameter für das Maximum wird ausdrücklich angegeben. Oberhalb des Maximums wird nie ein Schaden simuliert.

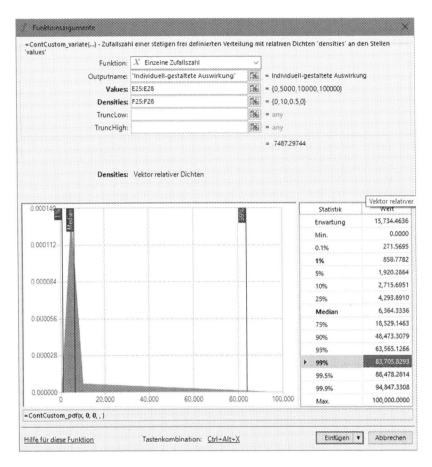

Abb. 2.18 Eingabedialog der Custom-Verteilung

Die Angabe des Maximums ist daher bei allen diesen Verteilungen eine kritische Information. Wird es inkorrekt angegeben, werden gerade die großen Schäden systematisch zu klein oder zu groß bewertet.

In Fällen, in denen der maximale Schaden nicht genau bekannt ist, ist es daher u. U. hilfreich Verteilungen zu verwenden, die ‚nach oben offen' sind. In diesem Zusammenhang werden daher oft die Normal-, die Lognormal- und die Weibullverteilung verwendet.

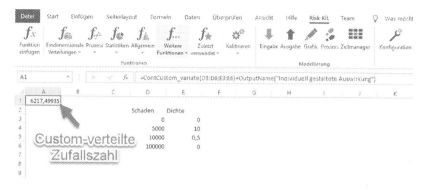

Abb. 2.19 Custom-verteilte Zufallszahl

2.6 Normalverteilung

Die Normalverteilung ist sicher die in der Gesamtbevölkerung bekannteste Verteilung. Sie verdankt ihre Prominenz dem früheren 10-DM-Schein, auf dem sie gemeinsam mit dem berühmten Mathematiker Carl Friedrich Gauß abgebildet war, der 1809 eine formelle Definition der Verteilung gegeben hat (Abb. 2.20).

Abb. 2.20 Die Normalverteilung auf der 10-DM-Banknote

Abb. 2.21 Die
glockenförmige Dichte der
Normalverteilung

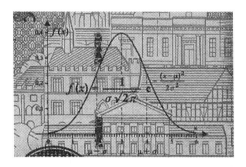

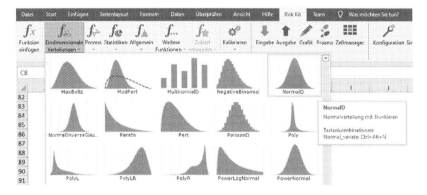

Abb. 2.22 Die Normalverteilung auf der Risk Kit Toolbar

Die Normalverteilung begegnet einem im Alltag in der Tat öfter, daher die
Bezeichnung ‚normal' im Namen. Viele Messwerte schwanken glockenförmig
um einen Mittelwert (Abb. 2.21).

Zudem sind Summen von Zufallsvariablen unter sehr allgemeinen Bedingun-
gen näherungsweise normalverteilt (zentraler Grenzwertsatz). Dass wir in vielen
Situation – und auch im ERM – glockenförmige Häufigkeitsverläufe sehen, ist
also nicht verwunderlich (Abb. 2.22).

Abb. 2.23 Eingabedialog der Normalverteilung

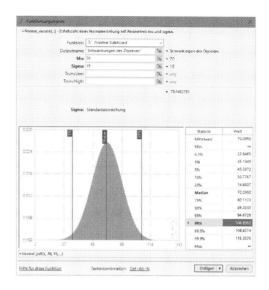

Eine wichtige Eigenschaft der Normalverteilung ist ihre Symmetrie um den Erwartungswert und ihre Glockenform. Sie ist damit in ihrer Anpassungsfähigkeit an spezielle Verläufe von Auswirkungen deutlich eingeschränkt. Ihre Form ist quasi fest vorgegeben. In der Theorie nimmt die Normalverteilung Werte auf der ganzen reellen Achse an. Damit sieht es erst einmal so aus, als wäre sie gut geeignet, um große Risikoauswirkungen einzufangen. Dies funktioniert jedoch in der Praxis nicht, da ihre Dichte so schnell gegen 0 geht, dass Abweichungen vom Erwartungswert um mehr als 4–5 Standardabweichungen so selten vorkommen, dass sie für die meisten Risikomaße so gut wie keine Rolle spielen, wenn sie in der Simulation überhaupt vorkamen.

Die Normalverteilung ist also ein Beispiel für eine Verteilung, die unbeschränkt aussieht, es aber nicht ist. Kombiniert mit der Starre der Form ist das ein Grund, warum sie im ERM nur für sehr spezielle Risiken eingesetzt wird, vor allem für Preisänderungsrisiken von Zinsen, Wechselkursen, Rohstoffen und anderen Marktfaktoren.

Abb. 2.23 gibt ein Beispiel für die Verwendung der Normalverteilung zur Beschreibung von Ölpreisschwankungen. Diese Anwendung ist in Risk Kit sehr umfassend abgedeckt, da Sie mit der Erweiterung Risk Kit Data sogar die Mög-

Abb. 2.24 Normalverteilte Zufallszahl

lichkeit haben, Marktdaten direkt von der EZB und anderen Institutionen zu laden, aufzubereiten und auszuwerten (Abb. 2.24)[1].

2.7 Lognormalverteilung

Eine Variante der Normalverteilung, die für die Beschreibung außergewöhnlich großer Schäden weit besser geeignet ist, ist die Lognormalverteilung.

Die Lognormalverteilung nimmt beginnend bei 0 nur Werte auf der positiven reellen Achse an, geht dann aber u. U. sehr weit nach oben (Abb. 2.25).

Sie verkörpert den Fall, dass mit dem Risiko meistens nur ein kleiner bis mittlerer Schaden eintritt und seltener ein großer bis sehr großer Schaden.

Es gibt für die Lognormalverteilung in Risk Kit drei Parametrisierungen zur Auswahl. Zunächst die Lehrbuch-Parametrisierung (LogNormal), bei der Erwartungswert und Standardabweichung der unterliegenden Normalverteilung angegeben werden. Diese Darstellung ist für die Anwender sehr schwer zu kontrollieren, da bei der Transformation von Normal zu Lognormal die e-Funktion eine Rolle spielt, sodass die Werte in der Simulation leicht explodieren. Diese Parametrisierung passt am besten, wenn die Verteilung an Daten kalibriert wird.

LogNormal2 erlaubt es den Erwartungswert und die Standardabweichung der Lognormalverteilung direkt anzugeben. Diese Werte haben dieselbe Einheit wie die Zufallszahlen. Man hat also viel Kontrolle über die Größenordnung,

---

[1] Vgl. eine leicht lesbare Darstellung in Wehrspohn, Zhilyakov, „Live-Zugriff auf große internationale Datenquellen mit Risk Kit Data – Fallstudie: Einfluss des Ölpreises und der Devisen- und Zinssätze auf Gewinn und Verlust", 2021, https://papers.ssrn.com/sol3/papers. cfm?abstract_id=3824787.

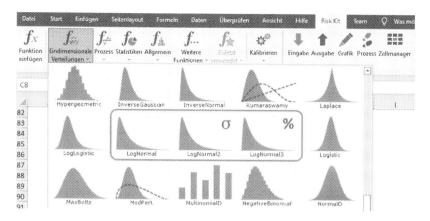

Abb. 2.25 Die Lognormalverteilung auf der Risk Kit Toolbar

die man angibt. Es bleibt die Schwierigkeit, dass Experten sich unter einer Standardabweichung wenig vorstellen können, sodass eine Unwägbarkeit bleibt. LogNormal3 schließlich definiert die Verteilung über ihren Erwartungswert und ein Quantil. Experten können sich also auf Daten aus ihrem Erfahrungsbereich konzentrieren, wenn sie die Verteilung genau festlegen (Abb. 2.26). Dass große Werte bei der Lognormalverteilung im Bereich des Möglichen sind, zeigt das obige Beispiel. Bei einer Erwartung von 25.000 und einem 99 %-Quantil von 100.000 sind Werte bis 300.000 etwas, das man in der Simulation in Einzelfällen sehen wird.

Dieses visuelle Feedback ist bei der Arbeit mit der Lognormalverteilung sehr vorteilhaft, da man dadurch den Wertebereich vor Augen geführt bekommt, der mit der selbst gewählten Parametrisierung einher geht.

Risk Kit bietet ein Feature, das es Ihnen darüber hinaus ermöglicht, Schadenwerte abzuschneiden, die jeden realistischen Rahmen sprengen würden – die Trunkierung. Durch die optionale Trunkierung nach unten oder oben wird eine Grenze in die Verteilung eingezogen, die in der Simulation nicht überschritten wird.

Im Beispiel unten ist die Grenze am oberen Rand bei 250.000 gesetzt worden. Der Verlustbereich darüber spielt damit keine Rolle mehr (Abb. 2.27 und 2.28).

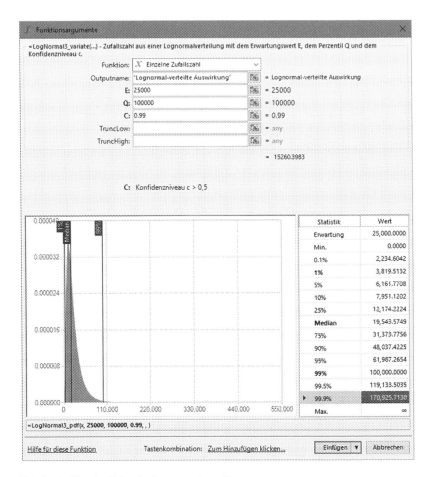

Abb. 2.26 Eingabedialog der Lognormalverteilung

Abb. 2.27
Lognormalverteilung mit
Trunkierung

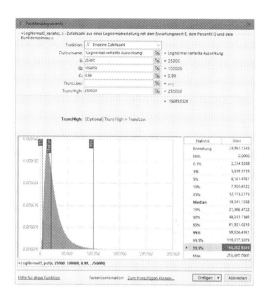

Abb. 2.28 Lognormalverteilte Zufallszahl

2.8 Weibull-Verteilung

Die Weibull-Verteilung kann ähnlich wie die Lognormalverteilung eingesetzt werden. Auch sie nimmt nur positive Werte an und lässt Raum für große Schäden (Abb. 2.29).

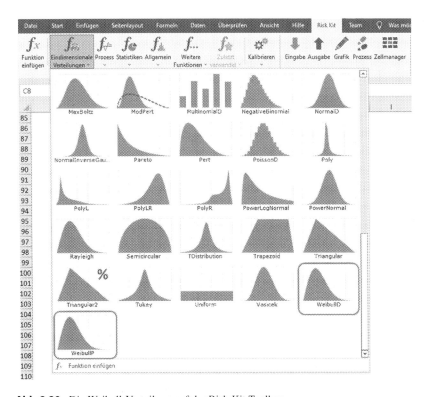

Abb. 2.29 Die Weibull-Verteilung auf der Risk Kit Toolbar

Für die Weibull-Verteilung bietet Risk Kit zwei Parametrisierungen an. Einmal die Lehrbuch-Darstellung (WeibullD). **A** ist ein Ortsparameter, über die den Verteilung nach links und rechts verschoben werden kann und gleichzeitig das Minimum der Verteilung. **B** und **C** sind Formparameter, die über Experteneinschätzungen nicht bestimmt werden können. Diese Parametrisierung eignet sich daher nur für eine Kalibrierung auf einer Datenbasis.

Die zweite Parametrisierung (WeibullP) verwendet neben demselben Ortsparameter **A** zwei Quantile, um die Verteilung zu beschreiben. Wir können die Verteilung also bestimmen, indem wir ihr Minimum angeben sowie zwei weitere Grenzen, die mit jeweils vorgegebener Wahrscheinlichkeit unterschritten werden.

Wir können z. B. annehmen, dass der Schaden positiv sein wird (**A** = 0) und mit 75 % Wahrscheinlichkeit unter 35.000 und mit 99 % Wahrscheinlichkeit unter 100.000 bleiben wird (**P1** = 75 %, **Q1** = 35.000, **P2** = 99 %, **Q2** = 100.000).

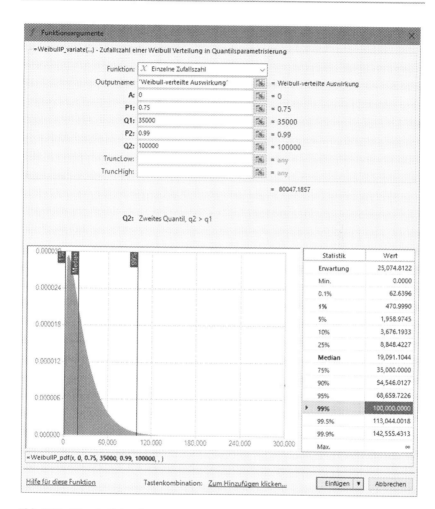

Abb. 2.30 Eingabedialog der Weibull-Verteilung

Der obere Ausläufer kann dann darüber hinaus gehen. Auch hier macht eine visuelle Überprüfung des praktisch relevanten Wertebereichs der Verteilung und ggf. eine Trunkierung oben Sinn (Abb. 2.30 und 2.31).

Abb. 2.31   Weibull-verteilte Zufallszahl

2.9   Expert-Verteilungen

Die Expert-Verteilung ist ein Spezialfall der Poly-Verteilungen. Sie legt ihre Form über drei Quantile und ggf. Minimum und Maximum fest, falls die Verteilung beschränkt sein soll. Sie knüpft damit gedanklich an Dreiecks- und PERT-Verteilung an, ist aber in ihrem Verlauf gestaltungsfähiger. Sie ermöglicht etwa auch eine einseitig oder beidseitig unbegrenzte Darstellung von Auswirkungen. Sie kann damit in Bereichen eingesetzt werden, in denen man einen maximalen Schaden nicht ohne Weiteres angeben kann (Abb. 2.32).

Die Quantile, mit denen die Expert-Verteilung bestimmt wird, sind symmetrisch um den Median, es sind also das p-Quantil, der Median selbst und das 1-p-Quantil. Zusätzlich können ggf. untere und/oder obere Grenzen für den Wertebereich angegeben werden (Abb. 2.33).

Die Verteilung geht exakt durch die angegebenen Punkte (Abb. 2.34 und 2.35).

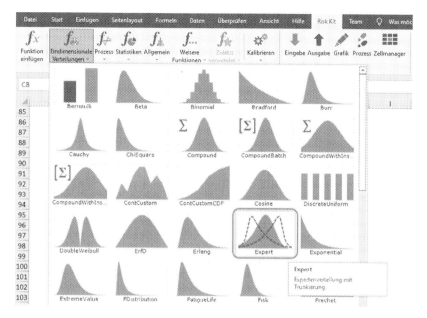

Abb. 2.32   Die Expert-Verteilung auf der Risk Kit Toolbar

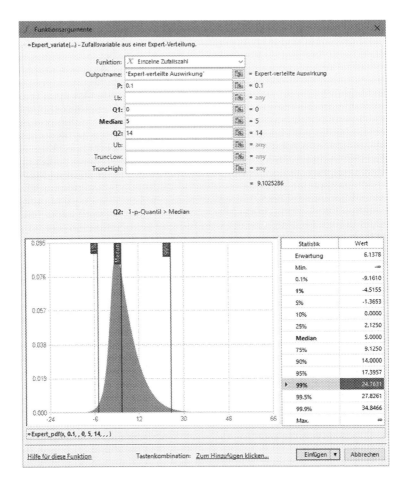

Abb. 2.33 Eingabedialog der Expert-Verteilung

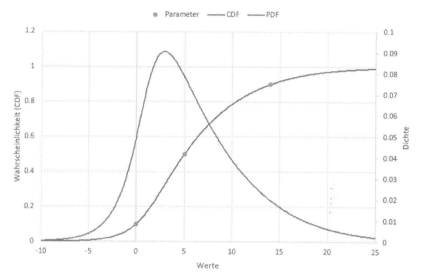

Abb. 2.34 Expert-Verteilung und Parameter

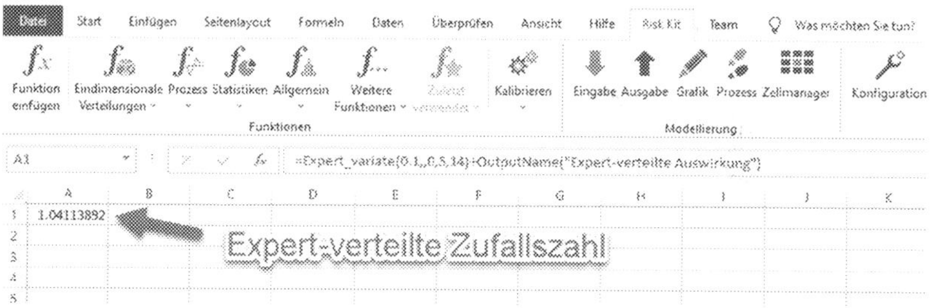

Abb. 2.35 Expert-verteilte Zufallszahl

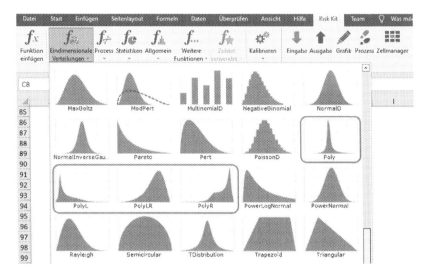

Abb. 2.36 Die Poly-Verteilungen auf der Risk Kit Toolbar

2.10 Poly-Verteilungen

Poly-Verteilungen sind ein neues[2] und sehr flexibles Werkzeug bei der Beschreibung von Risiken. Sie gewinnen ihre Anpassungsfähigkeit durch ihren Aufbau als Polynom. Ähnlich wie sich eine Taylor-Reihe hinreichend hohen Grades an stetige und glatte Funktionen beliebig genau annähern kann, passen sich Poly-Verteilungen sehr detailliert an Daten oder Experteneinschätzungen an.[3]

Poly-Verteilungen können an den Grenzen alle Formen annehmen. Sie können beidseitig unbegrenzt sein (Poly), links- oder rechtsseitig begrenzt (PolyL bzw. PolyR) oder beidseitig begrenzt (PolyLR) (Abb. 2.36 und 2.37).

Die Koeffizienten der Polynome sind abstrakt und für Experten nicht zugänglich. Werden die Verteilungen über Experteneinschätzungen parametrisiert, erfolgt

---

[2] Sie wurden von Thomas Keelin unter dem Namen MetaLog-Verteilungen eingeführt. Vgl. Thomas W. Keelin (2016) The Metalog Distributions. Decision Analysis 13(4):243–277.

[3] Voraussetzung ist lediglich, dass der zugrunde liegende Zusammenhang überhaupt stetig ist und endliche Momente hat. Erwartungswert, Varianz usw. sollten also existieren und es sollte keine Sprünge oder Spikes geben.

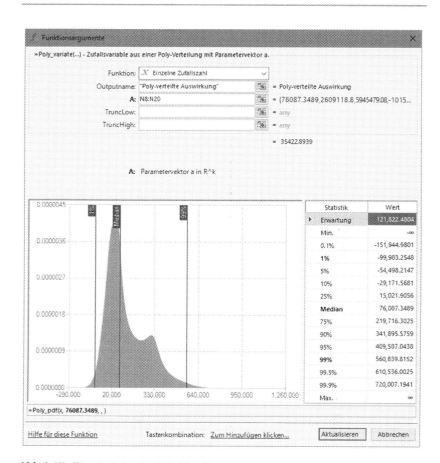

Abb. 2.37 Eingabedialog der Poly-Verteilung

dies daher über eine Liste von Quantilen also Paaren von Werten und Wahr-scheinlichkeiten in der Funktion *CalibratePoly*, die aus den Quantilen die Polynom-Koeffizienten ermittelt.

Anders als bei der Expert-Verteilung, einem Spezialfall der Poly-Verteilung, müs-sen die Quantile nicht symmetrisch um den Median sein, sondern können frei gewählt werden. Die Liste muss mindestens drei und kann beliebig viele Punkte enthalten. Zusätzlich können bei Bedarf untere und obere Grenzen vorgegeben werden. Die

Abb. 2.38
Experteneinschätzungen
von Quantilen

	A	B
1		
2	Data	Probabilities
3	1	0.1
4	3	0.3
5	5	0.5
6	10	0.8
7	13	0.9
8		

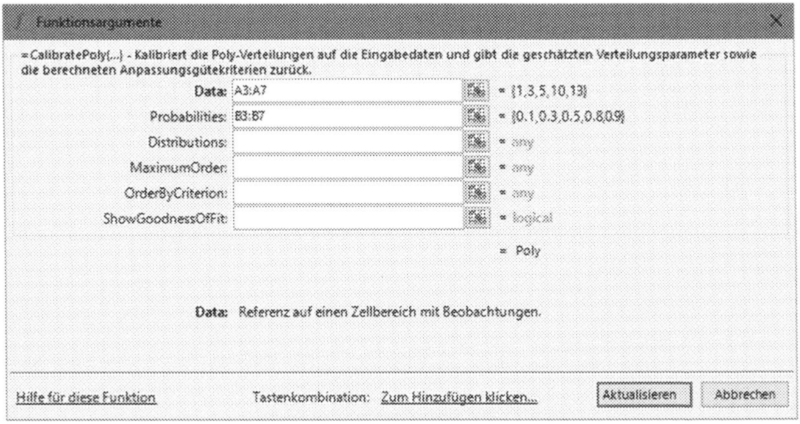

Abb. 2.39 Bestimmung der Poly-Verteilungen mit der CalibratePoly-Funktion

Verteilung wird so ausgewählt, dass sie möglichst nahtlos auf die Angaben passt. Grenzen werden dabei immer exakt getroffen (Abb. 2.38, 2.39 und 2.40).[4]

Die zweite wichtige Anwendung der Poly-Verteilungen ist ihre Anpassung an Daten. Bei beobachteten Daten ist das eine Selbstverständlichkeit. Aber auch simulierte Daten spielen eine wichtige Rolle.

Im ERM sollen alle wesentlichen Risiken des Unternehmens in einer Analyse gemeinsam betrachtet werden. Bei vielen Unternehmen gibt es jedoch spezielle Risikoarten, die so wichtig sind, dass sie gesonderte Aufmerksamkeit erhalten

---

[4] Die maximale Ordnung (*maximumOrder*) kann dabei kontrolliert werden, um eventuelles Overfitting zu vermeiden.

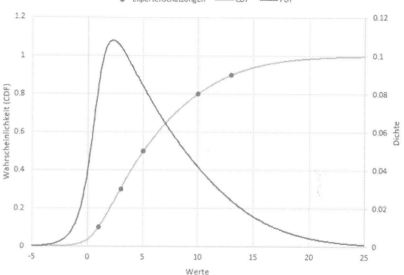

Abb. 2.40 Anpassung der Verteilung an die Experteneinschätzung

und auf diese Risikoart spezialisierte Systeme eingesetzt werden, die selbst Simulationen durchführen. Typische Beispiele sind Treasury-Anwendungen oder der
Rohstoffeinkauf.

Mit Poly-Verteilungen können die Ergebnisse spezialisierter Simulationen sehr
exakt mit sehr geringem Aufwand ins ERM übertragen werden. Dies ist auch
dann der Fall, wenn die simulierten Verteilungen eine Form haben, die mit Standardverteilungen nicht abbildbar ist, z. B. wenn sie mehrere Modi haben. In
simulierten Verteilungen ergeben sich mehrere Modi auf natürliche Weise, wenn
Großrisiken oder Krisen in der Simulation eintreten (Abb. 2.41).

Poly-Verteilungen sind ein Universalschlüssel. Durch ihre Flexibilität können
sie Besonderheiten in den Daten zur Geltung bringen, die andere Verteilungen
glätten.

Sie können sich zudem an viele Standardverteilungen so genau anpassen, dass
man sie für alle praktischen Zwecke nicht mehr unterscheiden kann (Abb. 2.42).

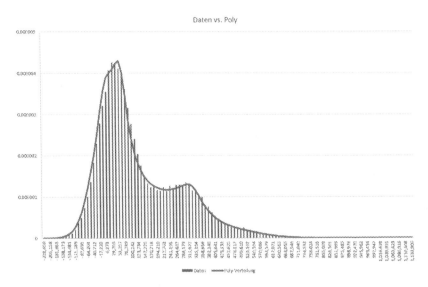

Abb. 2.41 An simulierte Daten angepasste Poly-Verteilung

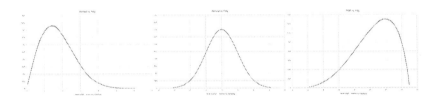

Abb. 2.42 Überlagerungen von Weibull-, Normal- und PERT-Verteilung durch Poly-Verteilungen

2.11 Automatische Kalibrierung der Verteilungen

Für alle dargestellten Verteilungen gibt es Parametrisierungen, die von Experten durchgeführt werden können. Dies ist eine wichtige Voraussetzung für ihre Verwendung im ERM, weil oft spezielle Situationen beurteilt werden müssen. Grundsätzlich gibt es für alle genannten Verteilungen zusätzlich die Möglichkeit, sowohl die Auswahl der am besten auf die Daten passenden Verteilung als auch die Bestimmung der gehörigen Parameter von Risk Kit durchführen zu

Abb. 2.43 Kalibrieren auf der Risk Kit Toolbar

lassen, wenn eine Datenbasis für ein Risiko vorliegt, die ausgewertet werden kann. Daten liegen in vielen Risikobereichen routinemäßig vor, z. B. bei Wetter- und Klima-Risiken, Cyber-Risiken, bei Marktrisken einschließlich dem Rohstoff-Einkauf usw. Es lohnt sich also u. U. zu schauen, ob für die allgemeine Situation, in die das Risiko eingebettet ist, eine Datengrundlage ermittelt werden kann (Abb. 2.43).

Über die Toolbar können Sie den Kalibrierungsdialog für ein- oder mehrdimensionale Verteilungen aufrufen. Dort verweisen Sie zunächst auf Ihre Datenbasis und wählen dann die Verteilungen aus, die Sie in die Betrachtung einbeziehen wollen (Abb. 2.44).

Für die Auswahl der Verteilungen empfehlen sich zwei Strategien. Zum einen können Sie genau die Verteilungen zulassen, die Sie gut kennen und bei denen Sie wissen, was Sie bekommen. Generell empfehlt es sich nur mit Verteilungen zu arbeiten, die man kennt.

Zum anderen kann man aber auch alle Verteilungen auswählen, um zu sehen, ob vielleicht eine Verteilung, die einem bisher nicht vertraut war, sehr gut auf die Daten passt und man diese Verteilung evtl. näher kennen lernen sollte (Abb. 2.44).

Falls man Verteilungen gewählt hat, die auf keinen Fall auf die vorliegenden Daten passen, werden diese Verteilung aus der Liste entfernt und man enthält eine entsprechende Meldung (Abb. 2.45).

Schließlich erhalten die das Kalibrierungsergebnis mit einer genauen Darstellung der Anpassungsgüte jeder Verteilung an die Daten. Sie sehen die Anpassung visualisiert und in Form von Abstandsmaßen als Zahlen. Bei jeder Kennzahl gilt, je kleiner der Wert, desto besser die Anpassung. Die Liste ist aufsteigend sortiert (Abb. 2.46).

Das Universum an Verteilungen in Risk Kit ist insgesamt so umfassend, dass es oft mehrere Verteilungen gibt, die gut auf einen gegebenen Datensatz passen. Dies ermöglicht Ihnen neben mathematischen Gründen der Anpassung auch geltend zu machen, wie gut Ihre Organisation mit der Verteilung vertraut ist und

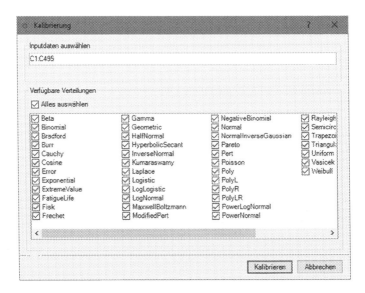

Abb. 2.44 Kalibrierungsdialog

Abb. 2.45 Mit den Daten inkompatible Verteilungen

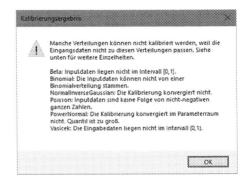

damit umgehen kann, ob die Verteilung und ihre Parameter gut kommunizierbar sind, ob der Wertebereich der Daten eingehalten oder erweitert wird usw.

Sie können die Kalibrierung auch in Kombination mit Experteneinschätzungen verwenden, indem Sie die Verteilungen z. B. auf den Daten vorkalibrieren und dann auf dieser Basis weiter argumentieren.

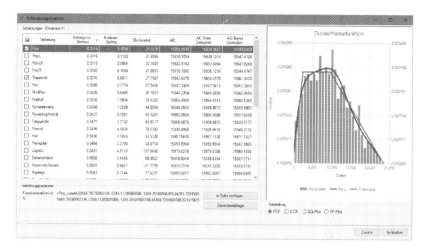

Abb. 2.46 Kalibrierungsergebnis

Es kann z. B. sein, dass die Daten gewisse Großschäden nicht enthalten und dadurch ein zu optimistisches Bild der Lage zeichnen. Experten wissen das und können das korrigieren.

2.12 Compound-Verteilung

Die bisher besprochenen Schadenverteilungen geben den Verlust an, wenn das Risiko einmal eintritt. Bei Mehrfach-Eintritten muss für jeden einzelnen Eintritt ein Schaden simuliert und diese Werte addiert werden, um den Gesamtschaden aus dem Risiko zu erhalten.

Dies mit Excel zu lösen ist mit zusätzlichem und durchaus erheblichem Aufwand verbunden, da die Anzahl der Eintritte in jedem Simulationslauf unterschiedlich sein kann. Um dies zu vereinfachen und handhabbar zu machen, gibt es die Compound-Verteilung, die die Auswertung eines Risikos für die Kombination aus Eintrittshäufigkeit und Schadenverteilung übernimmt und die Schadenaggregation für dieses Risiko durchführt (Abb. 2.47).

Die Compound-Verteilung verknüpft zwei Verteilungen, daher der Name. Die Häufigkeitsverteilung wird in einem Simulationslauf einmal ausgewertet. Dann ist die Häufigkeit des Risikoeintritts bekannt (Abb. 2.48).

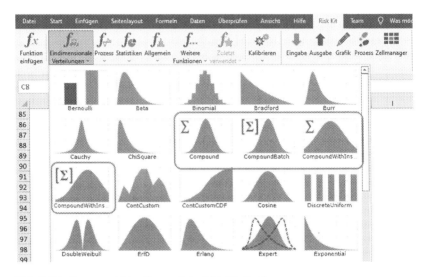

Abb. 2.47 Compound-Verteilung auf der Risk Kit Toolbar

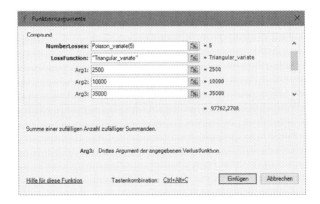

Abb. 2.48 Eingabedialog der Compound-Verteilung

Die Auswirkungsverteilung wird von Risk Kit in einem Simulationslauf u. U. mehrfach ausgewertet. Sie muss daher in einer Form angegeben werden, die

Abb. 2.49 Schadenaggregation mit der Compound-Funktion

das möglich macht, nämlich als Name der Funktion gefolgt von ihren Parametern. Die Anzahl und Bedeutung der Parameter entspricht dabei der gewählten Auswirkungsverteilung (Abb. 2.49).

Eine zusätzliche Komplexität ergibt sich, wenn die Schäden aus dem Risiko über eine Versicherung abgedeckt werden. Höchstgrenzen und Selbstbehalte können sich hier auf den einzelnen Schadenfall und/oder auf die Summe der Schäden pro Jahr beziehen.

Diese Frage wird von der ergänzenden Funktion ‚CompoundWithInsurance‘ abgedeckt, die die Eigenschaften der Versicherung als zusätzliche Werte aufnimmt.

Anwendung der Verteilungen im ERM 3

Alle diese Verteilungen können mit Risk Kit unmittelbar in Risikoaggregationen im ERM und für den PS 340 verwendet werden. Ein Vorlagemodell, das die Anwendung strukturiert und um eine Auswertung erweitert, finden Sie auf der Risk Kit Toolbar unter ‚Beispiele – Case Studies'. Das Modell wird in einem Film eingehend vorgestellt. Kleine und mittelständische Unternehmen werden mit diesem Modell die Anforderungen des PS 340 bereits abdecken können.

Große Unternehmen, deren Risikomanagementprozess viele Standorte und in der Regel sogar Ländergesellschaften einschließt, brauchen eine umfassendere Plattform, um die Risikoerhebung und -bewertung, das Maßnahmenmanagement sowie die Risikoanalysen und das Reporting effizient zu unterstützen.

Der Enterprise Risk Evaluator bietet Ihnen eine moderne Implementation eines durchgehend quantitativen Risikomanagementprozesses. Und er ist darauf ausgerichtet, Risikoexperten für die Risikobewertung am Prozess teilhaben zu lassen, die sonst im Berufsleben keine professionellen Risikomanager sind. Sprechen Sie uns an, um den Enterprise Risk Evaluator in einer Präsentation kennenzulernen.

Den Umgang mit Risk Kit, die Methode der Monte-Carlo-Simulation und ihre Anwendung im Risikomanagement vertiefen wir in Seminaren. Hier können auch die Themen und Fragen der Teilnehmerinnen und Teilnehmer zur Sprache kommen.

© Der/die Autor(en), exklusiv lizenziert an Springer Fachmedien Wiesbaden GmbH, ein Teil von Springer Nature 2022
U. Wehrspohn und D. Ernst, *Verteilungen als Grundlage des quantitativen Risikomanagements,* essentials, https://doi.org/10.1007/978-3-658-38078-6_3

Was Sie aus diesem *essential* mitnehmen können

- Orientierung, welche Verteilung im quantitativen Risikomanagement eine wichtige Rolle spielen und wann sie eingesetzt werden können.
- Klarheit, wie die Parameter der Verteilungen bestimmt werden können.
- Verwendung von Verteilungen in Excel als Grundlage der Monte-Carlo-Simulation.
- Kenntnis des rechtlichen Rahmens des quantitativen Risikomanagements.

Printed in the United States
by Baker & Taylor Publisher Services